Cartilla Fonética Faro

Mercedes Buitrago Guzmán

Cartilla Fonética **Faro**

Publicaciones
Puertorriqueñas
EDITORES

Créditos editoriales

Edición, 2006

Prohibida la reproducción total o parcial de esta obra por cualquier medio técnico, mecánico o electrónico sin previo permiso escrito por parte de Publicaciones Puertorriqueñas, Inc.

Publicaciones Puertorriqueñas actúa como medio editorial y no se responsabiliza ni se solidariza necesariamente con el contenido ni con cualquier otro derecho de autor que pudiera estar relacionado con esta obra.

© Publicaciones Puertorriqueñas, Inc.

ISBN 1-933485-04-3

Impreso por Panamericana
Formas e Impresos S.A.
Quién sólo actúa como impresor
Impreso en Colombia   Printed in Colombia

Editor: palomares@publicacionespr.com
ANDRÉS PALOMARES

Directora de Arte y Diseño: gotay@publicacionespr.com
EVA GOTAY PASTRANA

Diseño Tipográfico:
HENRY D'AZA

Diseño de portada:
JUAN JOSÉ VÁSQUEZ

Ilustraciones:
JUAN JOSÉ VÁSQUEZ

Departamento Multimedia: negron@publicacionespr.com
CARLOS NEGRÓN

Director de impresos
XAVIER MOLINA

Negativos y separación de colores
PUBLICACIONES PUERTORRIQUEÑAS

Facturación
BERENICE DE LA CRUZ

Almacén y Distribución
LUIS J. BENÍTEZ Y REINALDO DÍAZ

Departamento de Ventas: dventas@publicacionespr.com
ANA CAMACHO
STEPHANI NAVARRO
NÉLIDA IRIZARRY
MANUEL VARGAS
JOSÉ RAMÓN HERNÁNDEZ
FRANCISCO ESTÉVEZ

Publicaciones Puertorriqueñas, Inc.
Calle Mayagüez 44
Hato Rey, Puerto Rico 00919
Tel. (787) 759-9673
Fax (787) 250-6498
E-Mail: pubpr@coqui.net

Publicaciones Dominicanas, C x A
Ave. Francisco Rosario Sánchez
Edificio 257 Sector Guayabal
Esquina Ceferino Fernández
Santiago, República Dominicana
Tel. (809) 612-5302 Fax (809) 612-5306

Agradecimiento

Nuestro agradecimiento a los/as educadores/as que colaboraron en el proceso de revisión de esta cartilla .

María S. Del Moral

Maestra de Español Nivel Elemental

Jubilada, Departamento de Educación

María Soto

Maestra de Primer Grado

Escuela S.U. Marcos Sánchez, Yabucoa

Ivette Irizarry

Maestra de Primer Grado

Colegio San Benito, Humacao

Dr. Roque Díaz Tizol

Presidente, Corporación de Servicios

Educativos de Yabucoa, Puerto Rico (COSEY)

Introducción

Iniciar a los niños en la destreza de la lectura, es un proceso que requiere un orden y mucha disciplina. Para poder llevar a cabo esta labor en forma sistemática, los maestros y los padres necesitan materiales actualizados. También es necesario que los documentos didácticos armonicen con los métodos estructurados por las autoridades escolares.

Cartilla Faro es una respuesta a esa necesidad. Su pertinencia consiste en que ha sido preparada conforme a los niveles de lectura estipulados por el Departamento de Educación. De acuerdo con estos niveles, se inicia la lectura, llevando a los niños de los sonidos más sencillos a los más complejos.

Aunque no hay un orden establecido para enseñar los sonidos en los primeros niveles, según educadores experimentados en los grados primarios, se deben introducir de acuerdo con el grado de dificultad que representa su pronunciación para los niños.

En ese orden se encuentran en este trabajo.

Nivel 1 Vocales:

Aa Ee Ii Oo Uu

Nivel 2 y 3:

Mm Pp Ss Ll Cc Ff Rr Tt
Jj Nn y (ay, ey) GgZz Vv Bb Dd

Nivel 4:

rr   Ññ   Ll ll   Qq   Hh   Ch ch

Nivel 5:

Pl   Fl   Pr   Tr   Cr   Kk   Xx   Ww
Yy (ya, ye...)

Otros Sonidos Consonánticos.

Bl   Br   Cl   Dr   Fr   Gl   Gr

Nivel 6:

Cc (ce, ci)   Gue gue   Gui gui
Güe güe   Güi güi   Gg (ge, gi)

El contenido de esta cartilla está dividido en dos partes. En la primera, se presentan los sonidos en oraciones sencillas y palabras ilustradas graficamente. La segunda parte contiene lecturas adicionales que pueden ser utilizadas una vez los niños hayan aprendido los sonidos. Entre otros propósitos podrían servir para:

         1.- Practicar los fonemas.

         2.- Introducir a los niños en las destrezas de comprensión e interpretación.

         3.- Fomentar la creatividad y el uso de la imaginación.

Con la esperanza de poder ayudar en la tarea de iniciar a nuestros niños en el fascinante mundo de la lectura, dejamos este trabajo en las manos de padres y educadores.

A

Ana

E

Elena

I

Iris

Ulises

Omar

U

oso

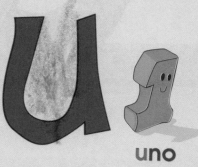

uno

Nivel 2 y 3

Mami me ama a mi.
A mi me ama mi mamá.
Amo a mamá.

mamá

mimo

Muma

ámame

Mimí

M	m
Ma	ma
Me	me
Mi	mi
Mo	mo
Mu	mu

7

Mi papá ama a mi mamá.
Amo a mi papá.
Papi me ama.

mapa

puma

Pepe

mapo

P	p
Pa	pa
Pe	pe
Pi	pi
Po	po
Pu	pu

9

Mamá pasa mapo.
Mamá asea su piso.
Así es mi mamá.

sapo

Susi

oso

ese

S	s
Sa	sa
Se	se
Si	si
So	so
Su	su

11

Mi papá pule el piso.
Mi mamá limpia la sala.
Lupe sale a pasear.

mula

loma

lupa

sale

Lisa

L	l
La	la
Le	le
Li	li
Lo	lo
Lu	lu

13

Paco puso las copas.
Cusa sacó la masa.
El papá usa la pesa.

cama

Cusi

copa

C	c
Ca	ca
Co	co
Cu	cu

La foca salió.
Su familia la sacó a pasear.
Esa es la fila.

fama

fue

foto

café

fila

F	f
Fa	fa
Fe	fe
Fi	fi
Fo	fo
Fu	fu

17

Mara usó su lira.
La mamá sacó la ropa.
Remi puso su rima.

rama

ruso

rema

roca

rico

R	r
Ra	ra
Re	re
Ri	ri
Ro	ro
Ru	ru

Mi tía asa papas.
Tito toma sopa.
Papá tiene tomates.

tapa

toca

Tulio

tela

Titi

T	t
Ta	ta
Te	te
Ti	ti
To	to
Tu	tu

21

José está solo.
Mi jefe se fue.
La jira sale a las seis.

caja

Julio

jocoso

coraje

jirafa

J	j
Ja	ja
Je	je
Ji	ji
Jo	jo
Ju	ju

23

La nena tiene una mona.
Una monita enana.
Sola peina su monita.

peina

mano

número

nena

maní

N	n
Na	na
Ne	ne
Ni	ni
No	no
Nu	nu

El rey puso la ley.
Roy fue a Camuy.
Soy la reina.

ay

Roy

rey

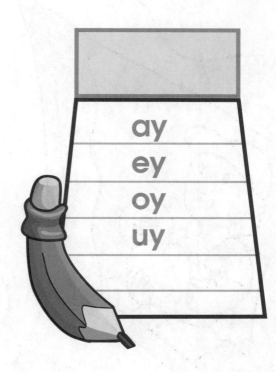

ay
ey
oy
uy

27

El gusano camina lento.
La gota cae y cae.
El nene tiene ganas de comer.

laguna

gato

goma

G	g
Ga	ga
Go	go
Gu	gu

29

Zape, gato, zape.
El zumo es amargo.
La zona está lejos.

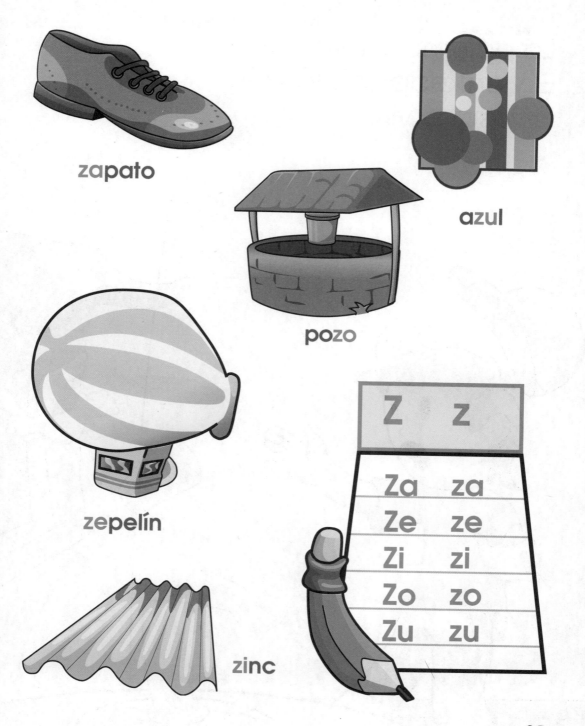

zapato

azul

pozo

zepelín

zinc

Z	z
Za	za
Ze	ze
Zi	zi
Zo	zo
Zu	zu

La paloma vuela.
El viento apagó la vela.
El vaso se viró.

vaca

vuela

volcán

veo

avión

V	v
Va	va
Ve	ve
Vi	vi
Vo	vo
Vu	vu

33

Benito tenía una bola.
La bateó y a la base fue.
Su abuela lo besó.

34

bate

butaca

boca

bebé

bigote

B	b
Ba	ba
Be	be
Bi	bi
Bo	bo
Bu	bu

35

Dame el dinero.
Dino se dio en el dedo.
La dona está dura.

dado

duo

dómino

delfín

disco

D	d
Da	da
De	de
Di	di
Do	do
Du	du

37

Nivel 4

El zorro corre y corre.
La perra va en el carro.
La mamá barre el patio.

gorra

carruaje

perro

carreta

barril

rr
rra
rre
rri
rro
rru

41

La niñita tiene una muñeca.
El niño buscó el paño.
La araña cuelga de lo alto.

mañana

pañuelo

bañera

cumpleaños

niñito

Ñ	ñ
Ña	ña
Ñe	ñe
Ñi	ñi
Ño	ño
Ñu	ñu

La lluvia bañó el valle.
La gallina se mojó.
Ella se fue a la llanura.

44

llave

lluvioso

cabello

caballero

pollito

Ll	ll
Lla	lla
Lle	lle
Lli	lli
Llo	llo
Llu	llu

Raquel come quenepas.
Paquito fue al parque.
El quiso sentarse.

queso

química

Q q

Que que
Qui qui

47

El humo sale del horno.
Hoy me picó la hormiga.
Hay pocos hipopótamos.

halcón

hueso

hongo

herradura

hilo

H	h
Ha	ha
He	he
Hi	hi
Ho	ho
Hu	hu

49

El nene chupa la leche.
A Pacheco le gustan las parchas.
Los chivos están en el rancho.

chapuzón

chupete

chocolate

leche

Ch ch

Cha   cha
Che   che
Chi   chi
Cho   cho
Chu   chu

chino

51

Nivel 5

Los niños fueron a la plaza
a bailar plena.
Aunque el viento sopló fuerte,
cumplieron con los asistentes.

playa

pluma

plegaria

plomo

soplido

Pl	pl
Pla	pla
Ple	ple
Pli	pli
Plo	plo
Plu	plu

55

Los niños de la señora Flores
estaban afligidos.
El fluir de los autos era muy lento
y el flan se les calentó.

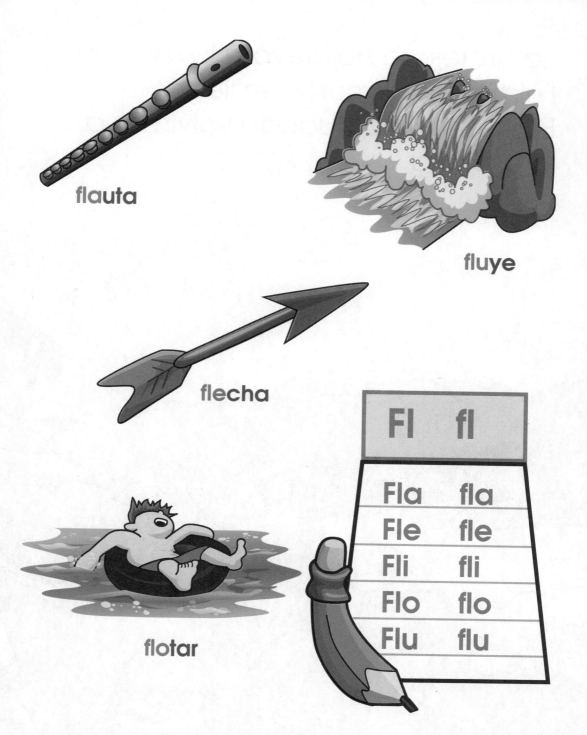

flauta

fluye

flecha

flotar

Fl	fl
Fla	fla
Fle	fle
Fli	fli
Flo	flo
Flu	flu

57

La profesora nos llevó a la represa.
Fuimos los primeros en llegar.
Era temprano cuando volvimos a
la escuela.

pradera

prueba

profesor

premio

prisa

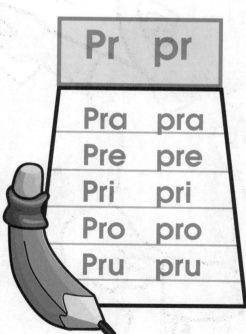

Pr	pr
Pra	pra
Pre	pre
Pri	pri
Pro	pro
Pru	pru

59

A Patricio le gusta hacer trucos. Le enseña a la niña como las aves trinan, mientras la tropa de amigos trepa por la colina.

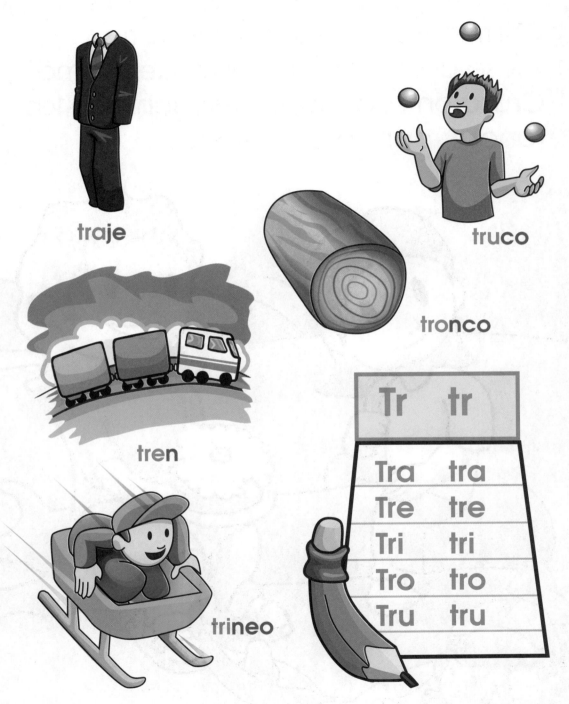

traje

truco

tronco

tren

trineo

Tr	tr
Tra	tra
Tre	tre
Tri	tri
Tro	tro
Tru	tru

Cristina y su amiga fueron al río.
Allí se comieron un pastel de crema.
Cruzaron el puente y escucharon las
ranas croando contentas.

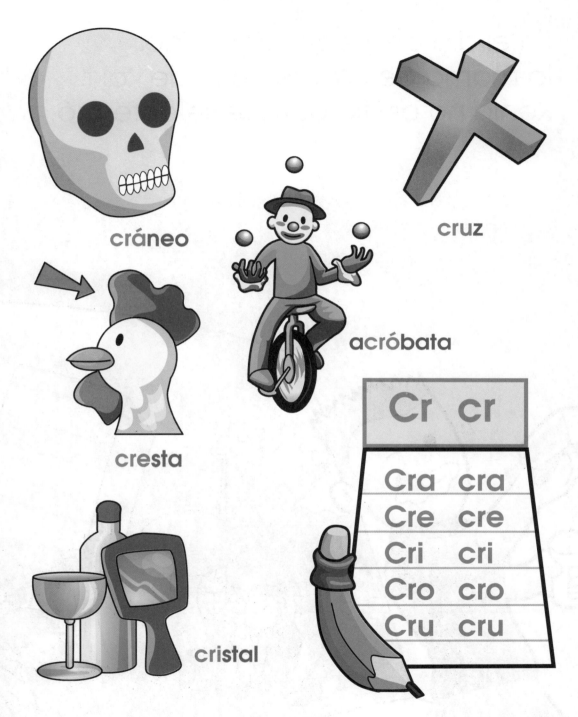

cráneo

cruz

cresta

acróbata

cristal

Cr	cr
Cra	cra
Cre	cre
Cri	cri
Cro	cro
Cru	cru

63

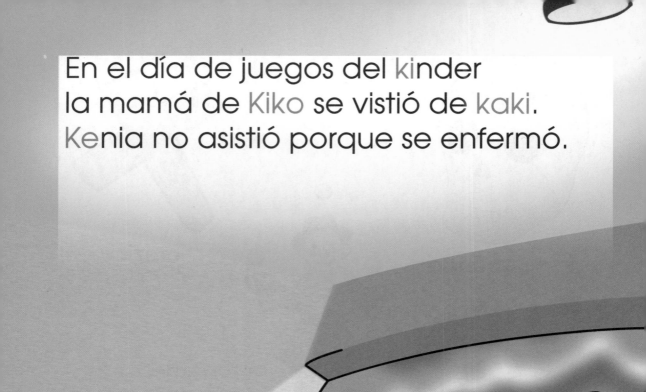

En el día de juegos del kinder
la mamá de Kiko se vistió de kaki.
Kenia no asistió porque se enfermó.

64

Kaki

kilómetro

Kenia

K	k
Ka	ka
Ke	ke
Ki	ki
Ko	ko
Ku	ku

65

Máximo y su amigo tocaban el xilófono.
Alexandra los aplaudían.
Todos los niños se divertían.

examinar

saxofón

taxi

X	x
Xa	xa
Xe	xe
Xi	xi
Xo	xo
Xu	xu

Owen fue de vacaciones a Wisconsin.
Allí hizo amistad con Walter.
De regreso, en el avión conoció a
Wilma.

Owen

Awilda

Wanda

W	w
Wa	wa
We	we
Wi	wi
Wo	wo

69

Yolanda se cayó en el yate.
Un amigo la ayudó.
El doctor le puso un yeso.
Ya no tiene dolor.

70

yate

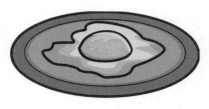

yema

yunque

yola

Yiyo

Y	y
Ya	ya
Ye	ye
Yi	yi
Yo	yo
Yu	yu

Otros Sonidos Consonánticos

bl, br, cl, cr,
dr, fl, fr, gl, gr,
pl, pr, tr,

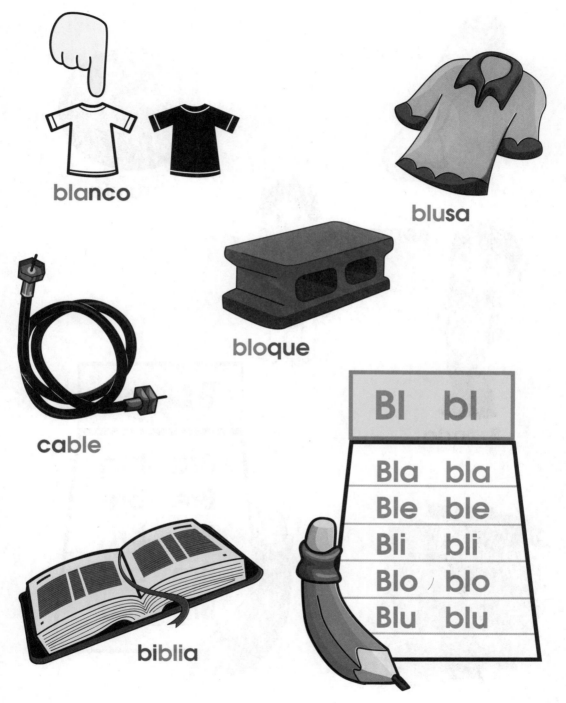

blanco

blusa

cable

bloque

biblia

Bl	bl
Bla	bla
Ble	ble
Bli	bli
Blo	blo
Blu	blu

75

brazo

brújula

hombro

Brenda

brisa

Br	br
Bra	bra
Bre	bre
Bri	bri
Bro	bro
Bru	bru

clavo

clueca

Clemente

Clotilde

clima

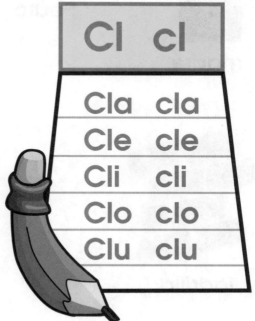

Cl	cl
Cla	cla
Cle	cle
Cli	cli
Clo	clo
Clu	clu

dragón

Pedro

madre

madrugar

ladrillo

Dr	dr
Dra	dra
Dre	dre
Dri	dri
Dro	dro
Dru	dru

Haz bien...
no mires a quien.

frase

fruta

frotar

fresa

frisa

Fr	fr
Fra	fra
Fre	fre
Fri	fri
Fro	fro
Fru	fru

79

regla

Iglú

Globo

Glenda

Glimaris

Gl	gl
Gla	gla
Gle	gle
Gli	gli
Glo	glo
Glu	glu

grande

grupo

Gregorio

ne**gr**o

gritar

Gr	gr
Gra	gra
Gre	gre
Gri	gri
Gro	gro
Gru	gru

81

Nivel 6

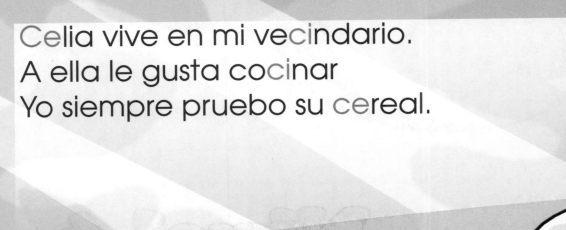

Celia vive en mi vecindario.
A ella le gusta cocinar
Yo siempre pruebo su cereal.

84

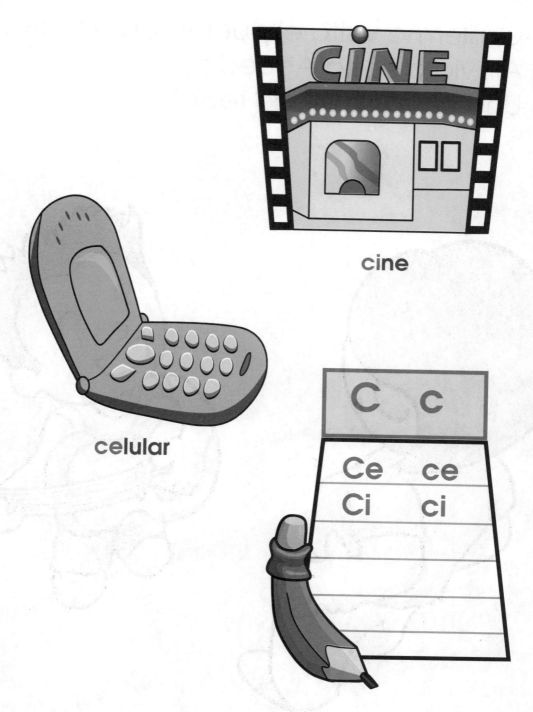

cine

celular

C c

Ce ce
Ci ci

85

Guillermo visitó el pueblo de Aguirre.
Allí vio a su tía Águeda.
Una guitarra ella le regaló.

guerrero

gui**neo**

Gue gue
Gui gui

87

Güiso salió para Mayagüez.
Visitó la finca de su tío.
Se montó en una yegüita.

güiro

higüera

Güe	güe
Güi	güi

Gisela es una niña generosa.
Siempre está dispuesta a ayudar
a la gente.
Es muy gentil con sus amigos.

girasol

gemelos

G	g
Ge	ge
Gi	gi

91

Leo, Aprendo y me Divierto

Mi maestra me ayudó.

Los fonemas aprendí.

Ahora puedo leer.

¡Me divierto y soy feliz!

94

La fiesta de Felito

Fuimos todos a la casa de Felito.

Era una fiesta linda y familiar.

¡Qué día feliz! Fue fácil llegar.

Nos tomamos fotos para recordar.

¿A qué fueron los niños a la casa de Felito?

95

La carreta en la sierra

Una carreta va corriendo por la sierra.

Un perro la sigue oliendo la tierra.

Barriendo el sendero una anciana se arrima.

Una paloma canta arriba en la cima.

¿Qué está sucediendo en la sierra?

96

Las chinas de Cheito

¡Qué mucho jugo tienen las chinas de Cheito!

Chuparlas es delicioso comentan todos los chicos.

Parece que le echa azúcar, eso me dice Charito.

Por eso es que los muchachos no compran las de Monchito.

¿Qué dicen los chicos sobre las chinas de Cheito?

97

El sueño de Geñita

En la mañana al despertar, Geñita, un sueño recordó.

Soñó que su muñeca de cuerda se había dañado y

de rojo se había teñido su pañuelo blanco.

¡Qué feliz la niña se sintió, cuando su abuelo Ñeco

la despertó!

¿Por qué Geñita se sintió feliz?

98

El Mural de Osvaldo y Estela

A Estela le gusta mucho dibujar.

Con Osvaldo en la escuela hizo un bello mural.

Usaron muchos colores para una isla dibujar.

Por eso, todos sus amigos los vinieron a felicitar.

¿Por qué los amigos felicitaron a Estela y Osvaldo?

Antonio y el Maratón

Antonio se preparó para correr en el maratón,
pero por una incesante lluvia se suspendió.
Por eso la antorcha nunca se encendió y todo fue
por una vaguada que de pronto pasó.
¿Por qué Antonio no corrió en el maratón?

100